ULRICH SCHAFFER *ich staune…*

ich staune...

Das Wunder des Lebens entdecken

ULRICH SCHAFFER

Fotokunst-Verlag Groh
Wörthsee bei München

Wörthsee bei München
Text, Fotos und Konzept: Ulrich Schaffer
Schriftgrafik/Umschlag: Friedrich Peter
ISBN 3-89008-767-1

Es gibt viele negative Kräfte in unserer Welt. Wir sind umgeben von Hoffnungslosigkeit. Um sich zu schützen, haben viele sich verschlossen. Sie sind unaufmerksam geworden, haben das Staunen verlernt. Dadurch wird ihr Leben immer ärmer.

Zum Staunen braucht man Zeit und Ruhe – eine innere Aufnahmebereitschaft. Das Staunen kann man lernen. Es ist mit unserer Beobachtungsgabe verbunden. In jedem Moment unseres Lebens passiert etwas: entweder um uns oder in uns. Um wieder staunen zu können, wie wir es als Kinder einmal konnten, müssen wir lernen, die Dinge, die wir sonst einfach übersehen, wieder wahrzunehmen. Die Welt um uns und in uns wartet darauf, daß wir sie sehen und schätzen lernen.

Um dann das Wahrgenommene zu einer Wirklichkeit in uns werden zu lassen, müssen wir es artikulieren und gestalten, sonst geht es wieder sehr schnell unter in der Hektik unseres Lebens. Wir können es aufschreiben, malen, tanzen, singen oder einander sagen. Es wird uns lebendig halten und unser Leben reich machen.

Ich staune über die unzähligen Muster,
die auf diesem Planeten zu finden sind.
Keines gleicht dem anderen.
Jedes Ding hat seine eigene Farbe,
Form, Größe, Struktur und Ausstrahlung.

Ich staune
über die verschwenderische Vielfalt,
mit der die Natur sich
von Tag zu Tag erneuert.
Die genaue Wiederholung
ist allem Lebendigen fremd.

Ich staune,
daß ich mich selbst
von Jahr zu Jahr besser kennenlerne,
als wäre ich ein unerforschtes Land,
und begreife langsam,
daß ich es bin.

Ich staune
über die schöpferische Kraft des Menschen,
aus jeder unmöglichen Situation
doch noch etwas machen zu wollen.
Nicht aufzugeben,
den tiefinneren Energien nachzugehen,
sie zu mobilisieren und einzusetzen.

Es ist der Wille, wirklich zu leben,
lebendig zu sein gegen alle Todesorakel.
Gegen die lähmenden Unmöglichkeiten
und die bedrückende Hilflosigkeit,
gegen die Statistiken anzuhoffen
und Wege ins lebenswerte Leben zu finden.

In uns steckt
eine nahezu unzerstörbare Energie
und ein Glaube, daß das Unmögliche
möglich zu machen ist.
In den Fluß dieser Kraft
müssen wir uns wieder stellen.

Ich staune, daß es möglich ist,
Träume zu verwirklichen,
daß man sie nicht aufgibt, hoffnungslos wird
und verzweifelt.

Ich trage meine Träume
als Wirklichkeit in mir,
und ich gebe sie nicht auf,
weil ich mich selbst dann aufgeben würde.

Ich staune,
daß du an die gleichen Möglichkeiten glaubst
und auch nicht aufgibst,
weil das unser gemeinsamer Tod wäre.

Ich staune über den Menschen,
der nicht müde wird,
über Gott nachzudenken.
Der schreit, betet, singt,
dichtet und schweigt,
um Gott zu erfassen.

Dessen Sehnsucht
nach dem Unsichtbaren
eine Leidenschaft ist,
die ihn heimsucht,
weil er mit seinem ganzen Wunsch
nach Hause will,
nach Hause in den Sinn
und in die Bedeutung
seines und allen Lebens.

Ich staune
über die verwandelnde Kraft des Verlustes.
Daß ich etwas verloren habe,
öffnet mir neue Möglichkeiten.
Was ich nicht mehr habe,
macht mich frei.

Ohne den Verlust
hätte ich nicht die Tiefe,
würde weniger einfühlsam sein
und die Not anderer nicht erfassen.

Das habe ich zwar theoretisch gewußt,
aber mit meinem Leben
habe ich es nicht geglaubt.

Ich staune über die Zielstrebigkeit des Lachses.
Er wird an der stillen Stelle
eines Flusses geboren,
überlebt dort den ersten Winter,
zieht dann ins Meer
und kehrt erst nach vier Jahren zurück,
genau an die Stelle seiner Geburt.

Nichts hält ihn zurück,
nicht der veränderte Flußlauf,
nicht die hohen Sandbänke,
nicht die querliegenden, angeschwemmten Bäume.
Mit einem inneren Kompaß ausgestattet,
findet er zurück an den Ort seiner Geburt.

Vielleicht ist es nichts anderes,
was ich mein ganzes Leben lang tue:
auch ich suche den Ort meiner Geburt,
weil ich weiß,
daß meine Herkunft auch mein Ziel ist.
So schließe ich den Kreis.

Ich staune über die Veränderung
in meinem Leben.
Bin ich noch der, der ich war?
Ich lerne loszulassen und weiter zu werden,
das genaue Wissen abzugeben
und das Ahnen zu üben.

Manchmal staune ich darüber,
was ich einmal geglaubt habe
und wie ich gelebt habe,
voller Überzeugung und Sicherheit.
Wenn das von mir abfällt,
wer bin ich dann?
Gibt es einen Kern in mir,
der gleich bleibt?
Oder bin ich der, der ich ständig werde?

Ich staune über meine veränderte Form
und begreife tiefer und tiefer,
daß ich nicht statisch bin,
daß kein Mensch stillstehen muß.
Wachstum ist eine Frage der Entscheidung.

Ich staune
über das Durchhaltevermögen des Arbeiters,
der nur einen kleinen Teil
des großen Projektes ausführt
und doch sein Werkzeug nicht hinwirft
und davonläuft.
Auch ich habe Gewinn
von seiner Arbeit.

Zwar braucht er das Geld,
doch er will auch
seinen Beitrag leisten
für die Gesellschaft,
in der er gebraucht wird.

Vielleicht kann er
ein positives Verhältnis
zu seiner Arbeit gewinnen
und später mit einem kleinen Stolz sagen:
An diesem Projekt war ich beteiligt,
die Steine habe ich gelegt,
für diese Wand Beton gemischt.
Ich war dabei.

Ich staune über die Freiheit,
die mir Gott gibt.
Erst dann merke ich,
daß ich geglaubt habe,
daß Gott nicht wollte, daß ich frei bin.
Wieder einmal geht mir auf,
was für ein falsches Bild
ich von Gott hatte.

Ich bin frei,
zu tun und zu lassen,
was ich will.
Aber dabei lerne ich mehr und mehr,
daß auch diese Freiheit
eine Gratwanderung ist,
weil ich nichts mehr tun will,
was Leben zerstört.
Weder meins noch deins.

Ich stoße das Tor auf.

Ich staune über die Offenheit der Kinder,
die noch nicht verbildet sind
und noch nicht wissen,
daß sich manches nicht gehört,
die noch ehrlich sind
und ihren Gefühlen Ausdruck geben,
deren Hoffnung noch keine Grenzen kennt.

Ich sehe in ihnen das,
was ich sein möchte,
was ich werden kann,
das, was nötig ist,
um das Reich Gottes zu begreifen
und in mir zu entdecken.

Wenn ihr nicht werdet wie die Kinder…

Ich staune über die Waghalsigkeit
des Kletterers,
der sich in den Spalten
einer senkrechten Wand emporarbeitet.
Ich entdecke darin
seinen Wunsch, wirklich lebendig zu sein
und nicht farblos und unbeweglich,
nicht im Sessel zu Hause
das Leben zu verpassen.

Auch ich will wieder klettern,
mich der Gefahr aussetzen,
das Risiko eingehen,
Neuland betreten,
dabei das Staunen wieder lernen
und das Leben in seiner Dichte spüren.

Ich staune über den roten Faden
in meinem Leben,
über die Kontinuität und Fortsetzung,
an die ich mich halten kann.
Nicht der Zufall regiert,
sondern aus einer tiefen Weisheit
entwickeln sich die Lebensformen.

Rückblickend staune ich
über die Vorbereitung von Ereignissen,
ihre Einfädelung durch Umstände,
die mir unwichtig erschienen.
Was endlich bewußt wird,
hat eine lange Vorgeschichte.

Ob ich das so sehe,
ist eine Frage der Einstellung.
Ob ich achtlos daran vorbeigehe
und blind für die stillen Zusammenhänge bin,
entscheide ich.

Ich staune über deine Sehnsucht
nach lebendigem Leben.
Du hörst nicht auf zu suchen.
Du bist mir ein Zeichen.
Du hast entschieden,
aus deinem Leben
etwas Lebenswertes zu machen.

Ich will mir das Staunen erhalten.
Solange ich noch staunen kann,
werde ich nicht aufhören zu wachsen.
Ich werde mich Neuem öffnen
und tieferen Einblick gewinnen
in die Zusammenhänge der Welt
und meinen Platz in ihr.

Ich will mich von den Dingen und Wesen,
von den Situationen und dem Geschehen
berühren lassen und staunen.
Ich werde mich nicht gewöhnen,
nicht abstumpfen.
Ich werde mich darin üben,
das Selbstverständliche
noch als Wunder wahrzunehmen.

Ich staune über die Entschiedenheit,
mit der du deinen Weg verfolgst,
ohne dabei verbohrt und einseitig zu werden.
Du bist überzeugt davon,
daß du deinen Weg gehen sollst und darfst,
vielleicht sogar mußt.
Das gibt dir die Stärke,
und das wiederum ermutigt auch mich,
meinen Weg zu gehen.

Ich staune,
daß sich durch diese Entscheidung
mein Weg klarer abzeichnet.

Ich staune über deine Hoffnung,
die du sogar
in der hoffnungslosen Situation
nicht losläßt.

Du läßt dich nicht
von der Wirklichkeit verführen,
klein zu denken.

Du bleibst frei,
zu entscheiden,
wie du auf das Dunkel der Welt
reagieren wirst.

Diese Hoffnung
ist deine ungeheure Kraft.
Durch sie verwandelst du die Welt.
Mein Staunen darüber
ist der Anfang, auch so zu leben.

Ich staune über deinen Willen,
mit mir Gemeinschaft zu wünschen,
mich als Gegenüber gewählt zu haben,
es mit mir aufnehmen zu wollen.

Ich staune,
daß ich gemeint bin
mit deiner Liebe.
Ich hatte die Hoffnung aufgegeben,
von jemand so angesprochen zu werden.
Jetzt wählst du mich
und sagst mir,
daß ich dir nicht gleichgültig bin.

Staunend erlebe
ich mich selbst anders
durch deine Wahl.
Ich lerne mich neu schätzen.
Ich sehe meinen Wert und Beitrag,
wenn ich mich mit deinen Augen ansehe.

Ich staune über das absolute Glück
des selbstvergessenen Liebespaares.
Wenn sie einander haben,
scheint ihnen nichts mehr zu fehlen.
Unbenutzt liegt die Welt um sie herum.

Im leichten Grün des Frühlings
verneigen sie sich voreinander
und werden nicht müde,
immer Neues zu entdecken,
was sie aneinander lieben können.

Ich staune über ihre Fähigkeit,
zu vergessen
und konzentriert zu sein auf das eine,
was sie ganz beseelt und beglückt:
ihre Liebe.

Ich staune
über die Differenziertheit deiner Gedanken.
Ich meine, schon alles überlegt
und die Sache von allen Seiten gesehen zu haben,
doch du findest wieder einen neuen Ansatz,
einen neuen Weg, dieses und jenes
zu sehen und zu verarbeiten.

Für mich ist es eine Überraschung,
manchmal auch eine Bedrohung,
weil ich nicht weiß,
woher diese andere Sicht kommt.
Es kann mich unsicher machen,
weil ich meinte, dich zu kennen
und du meinem Verständnis entwischst
und so ganz anders bist.
Oder es kann mich beglücken,
weil mir durch dich
eine neue Welt aufgeht.

Ich wähle nicht die Angst,
sondern das Glück der Erweiterung.

Ich staune,
wie erfinderisch du bist,
mir immer wieder neu
deine Zuneigung zu zeigen.

Ich staune,
wie du vor Gedanken sprühst,
die dein und mein Leben öffnen
und bereichern.

Ich staune,
daß du dir Zeit für uns nimmst
und nicht zufrieden bist,
wenn alles nur seinen Gang geht.

Ich staune,
wie bewußt du wahrnimmst,
wo ich innerlich stehe,
und dich zu mir stellst.

Ich staune,
daß du wünschst,
gerade durch unsere Beziehung
an die Geheimnisse des Lebens zu stoßen.

Ich staune
über die Leichtigkeit unserer Liebe,
über das Fliegende an ihr,
das Schwebende.

Und doch staune ich auch wieder nicht,
weil ich weiß,
daß wir alles eingesetzt haben,
unsere letzten Kräfte,
um nicht unterzugehen
in dem Angebot billiger Antworten,
in dem schmerzfreien Lebensstil
oder in der Möglichkeit,
voreinander zu fliehen
in das „Glück" mit jemand anderem.

Und doch staune ich,
daß nach all der Arbeit
jetzt diese Leichtigkeit wieder möglich ist.
Fast so wie am Anfang,
nur viel tiefer
und haltbarer.
Ja, haltbarer.

Ich staune über deinen Mut
zur Verletzbarkeit.
Du versteckst dich nicht,
sondern stehst dazu,
daß du etwas wünschst und hoffst.

Ich staune darüber,
daß du deine Angst zugibst
und sie so überwindest
oder mit ihr leben kannst.

Vielleicht bist du darum so gegenwärtig,
so ganz hier.
Du bist stark und doch zerbrechlich.
Du bist entschieden und doch weich.

Ich staune,
wie du auf dem Instrument meiner Seele
spielen kannst.
Zarte, mir unbekannte Töne
lockst du hervor.
Ich erlebe mich neu
und anders, als ich mich kenne.

Durch deine Zuwendung
fasse ich Mut,
sogar meine Verwundungen
berühren zu lassen.
Ich schrecke nicht zurück
und vertraue dir.

Ich staune
über die Zartheit,
mit der du vorgehst,
als würdest du mich besser kennen,
als ich selbst mich kenne.
Deine Nähe ist eine Wohltat,
in der ich aufblühe.

*Ich staune über unsere Bereitwilligkeit,
einander immer wieder zu vergeben,
zu vergessen und neu zu beginnen,
fast als wüßten wir nicht,
daß wir einander immer wieder verletzen können.*

*Doch wir wissen es
und vergeben und lieben trotzdem,
weil wir begriffen haben,
daß Schmerzen unvermeidbar sind,
wenn wir nicht gleichgültig
füreinander werden wollen.*

*Und ohne Zuwendung
lohnt sich das Leben nicht.*

Ich staune,
daß du mich noch ertragen kannst,
auch wenn ich so besserwisserisch bin,
wenn ich kleinlich mit dir streite
und versuche, dir Schuld zuzuweisen.

Ich staune,
daß du dir treu bleibst
und nicht genauso kleinlich antwortest.
Daß du deine Würde nicht verlierst
und meine Not siehst,
auch wenn ich sie verstecke.

Ich schmelze
und werde wieder
zu meinem anderen Ich.

Ich staune,
wie frei du von mir bist,
während ich manchmal an dir klebe
und mich abhängig von dir mache.

Ich staune,
daß du auch ohne mich
glücklich sein kannst,
weil du reich in dir selbst bist.

Dann erinnere ich mich,
daß ich immer dann
am frohesten mit dir war,
wenn ich in mir ruhte.

Ich staune über die Alltäglichkeit
unserer Liebe.
Du in deinem verwaschenen Sweatshirt,
ich in meinen abgetragenen Cordhosen;
ich, in der Küche stehend,
mit einem Brot in der Hand,
du mit einem Glas Milch.
Wir beide, wenig zauberhaft
und so ganz normal.

Und doch begegnet uns gerade
im Alltäglichen das Zeitlose.
In den bekannten Formen
liegt das Ewige der Liebe versteckt.

Es zeigt sich uns,
wie wir es begreifen können:
in der Gestalt dieses Topfes,
in dem unsere gemeinsame Mahlzeit kocht,
in der Reise, die wir planen,
in dem Zettel, den du mir hinterläßt,
und in dem Wort,
das unendliche Möglichkeiten andeutet.

Diese Bücher befassen sich mit den Grunderfahrungen des Menschseins: Suchen, Wagen, Staunen – Träumen, Lieben, Feiern – Warten, Leiden, Hoffen. Es vergeht kaum ein Tag, an dem wir uns nicht in ihrem Bereich bewegen. Ich habe versucht, ihre Inhalte in Worte zu fassen, sie greifbarer zu machen, bewußter mit ihnen umzugehen.

Was suchen wir eigentlich? Was gilt es zu wagen, damit wir erfüllter leben können? Wie können wir lernen, die Welt um uns wieder zu feiern? Wovon träumen wir, und gelingt es uns, diese Träume zu verwirklichen, oder leiden wir nur unter ihnen?

In dieser Buchreihe will ich versuchen, das, was wir oft nur unklar in uns fühlen, sichtbar werden zu lassen. Ich hoffe, daß sich Leserinnen und Leser in manchen dieser Gedanken wiedererkennen und so sich selbst und andere besser verstehen lernen.

Meine Fotos sollen dazu beitragen, diese Wege ins eigene Leben und Denken besser zu finden. Bilder sprechen manchmal direkter als Worte.

Der Aufbau eines jeden Bandes dieser Buchserie ist so, daß in der ersten Hälfte die allgemeinen Texte zu finden sind, während sich die Texte der zweiten Hälfte auf die Beziehungen zwischen zwei Menschen konzentrieren.

Ich wünsche meinen Leserinnen und Lesern – ob sie nun nur einen Text, einen Band oder die ganze Serie lesen und betrachten, daß sie sich selbst dabei ein wenig näherkommen und ermutigt werden, aktiver an der Gestaltung ihres eigenen Lebens mitzuwirken.

Ulrich Schaffer

Ulrich Schaffer wurde 1942 in Pommern geboren, wohnt aber schon seit 1953 in Kanada. Nach dem Studium arbeitete er von 1970 bis 1981 als Dozent für europäische Literatur an einem College bei Vancouver. Seit 1981 ist er freiberuflich Schriftsteller und Fotograf. Er ist verheiratet und hat zwei Töchter.

Es gibt von ihm fünfzig Bücher, von denen zwanzig Bildbände sind. Die Gesamtauflage seiner Bücher beträgt inzwischen weit über eine Million.

Ulrich Schaffer ist meistens zweimal im Jahr zu Lesungen in Europa, weil es ihm wichtig ist, den direkten Kontakt mit seinen Lesern zu halten.

Ulrich Schaffer schreibt aus seinem Erleben heraus und reicht so in das Erleben anderer hinein. Ihm geht es immer wieder um die Fragen, die die meisten Menschen bewegen: Was ist der Sinn? Wie kann ich lebendig leben? Wie finde ich den Weg zum andern? Diese Buchserie ist ein Ausdruck der Beschäftigung mit solchen Fragen. Bis jetzt sind folgende Titel erschienen:

ich suche...	*Zum Herzen des Lebens vordringen*
ich wage...	*Etwas einsetzen, um Leben zu gewinnen*
ich staune...	*Das Wunder des Lebens entdecken*
ich leide...	*und entdecke die tiefere Bedeutung*
ich hoffe...	*und verschlossene Türen tun sich auf*
ich liebe...	*und die Welt entfaltet sich*
ich feiere...	*um mein Glück zu leben*
ich träume...	*um meine tiefen Wünsche zu spüren*
ich kämpfe...	*für eine bessere Welt*